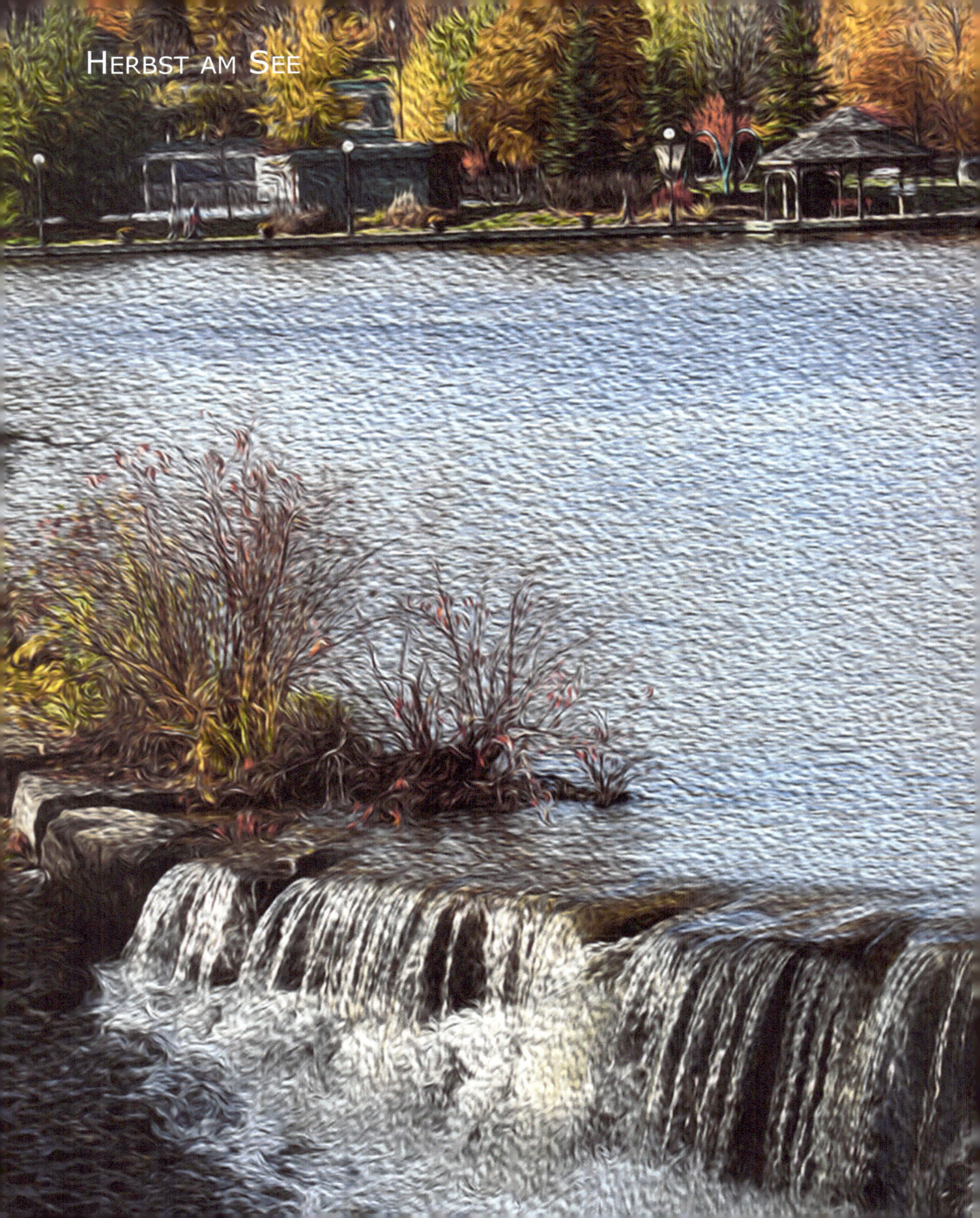

HERBST AM SEE

Kunst

kreiert von

Fotografie

KUNST/FOTOGRAFIE

KLAUS D. EMRICH

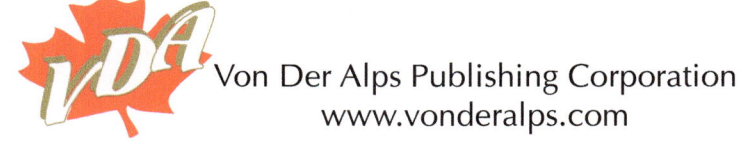

Von Der Alps Publishing Corporation
www.vonderalps.com

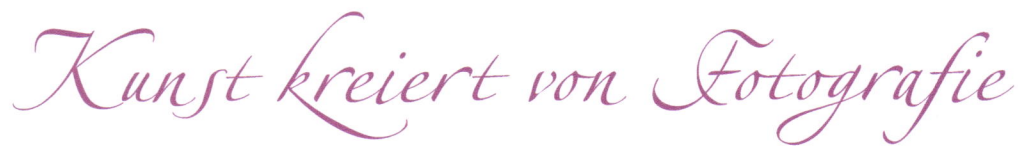

Autor/Fotograf/Künstler
Klaus D. Emrich

Urheberrecht des Geistiges/Kreatives Eigentum gehört dem

Autor/Fotograf/Künstler Klaus D. Emrich mit © 2014 und darüber hinaus.

Erste Original veröffentlicht April 2014 in Englisch.
Original Title: Art through Photography.
ISBN 978-0-9936867-0-2

Deutsche Übersetzung Klaus D. Emrich, veröffentlicht Januar 2015
Von Der Alps Publishing Corporation, Kanada.

www.vonderalps.com

Kanadische Katalogisierung der Veröffentlichung Daten
ISBN 978-0-9936867-4-0

Gedruckt in den USA

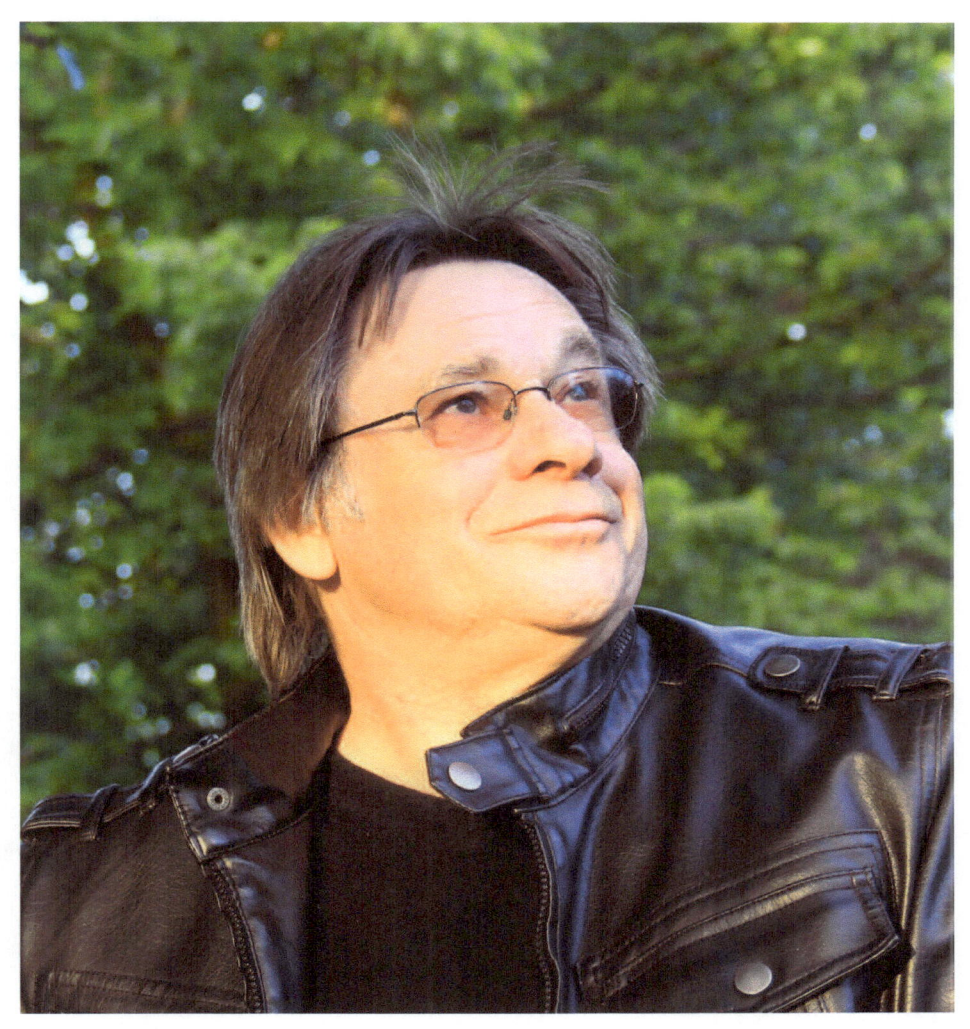

KLAUS D. EMRICH

Kunst kreiert von Fotografie

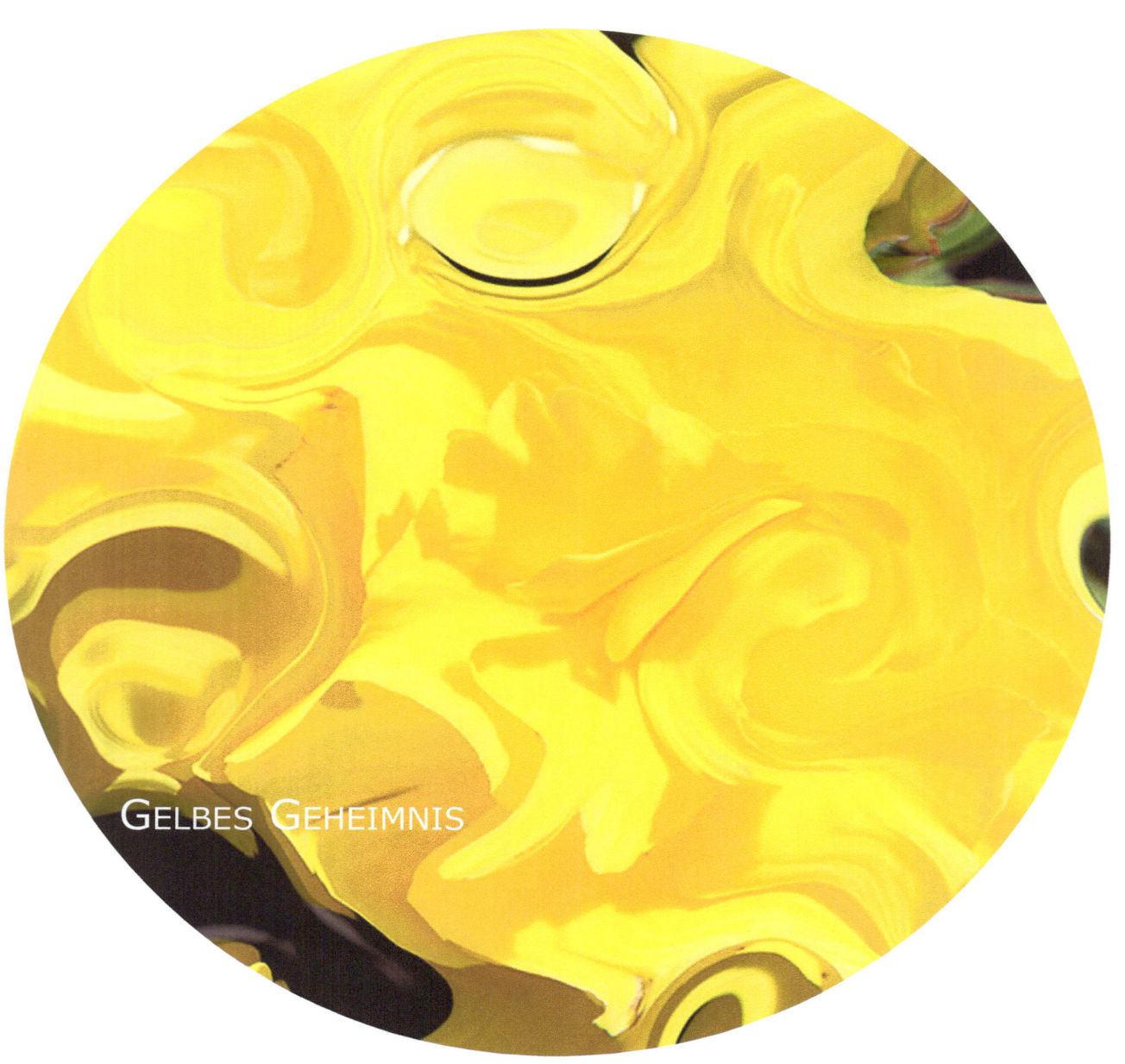

GELBES GEHEIMNIS

Kunst kreiert von Fotografie

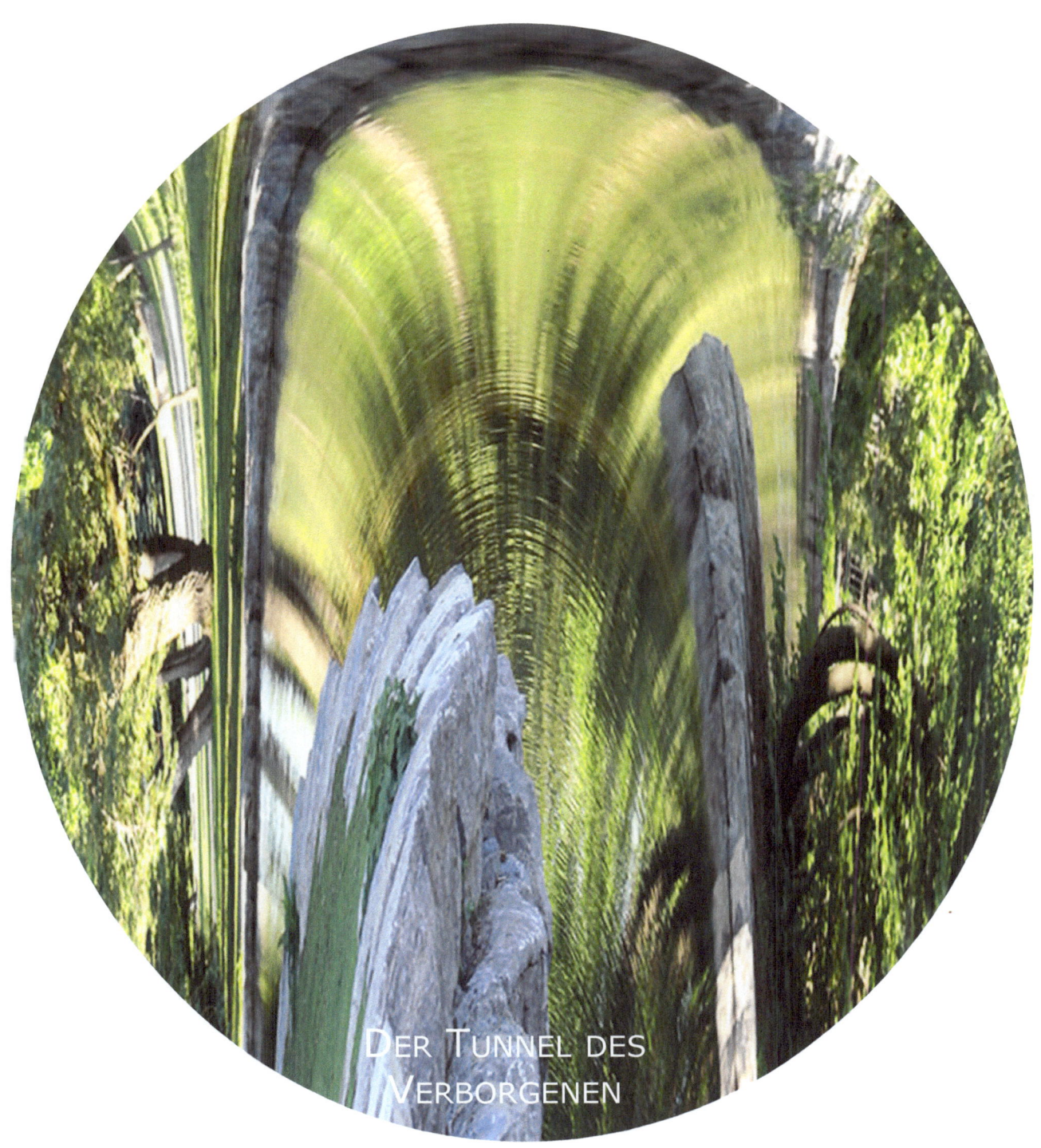

DER TUNNEL DES
VERBORGENEN

Kunst kreiert von Fotografie

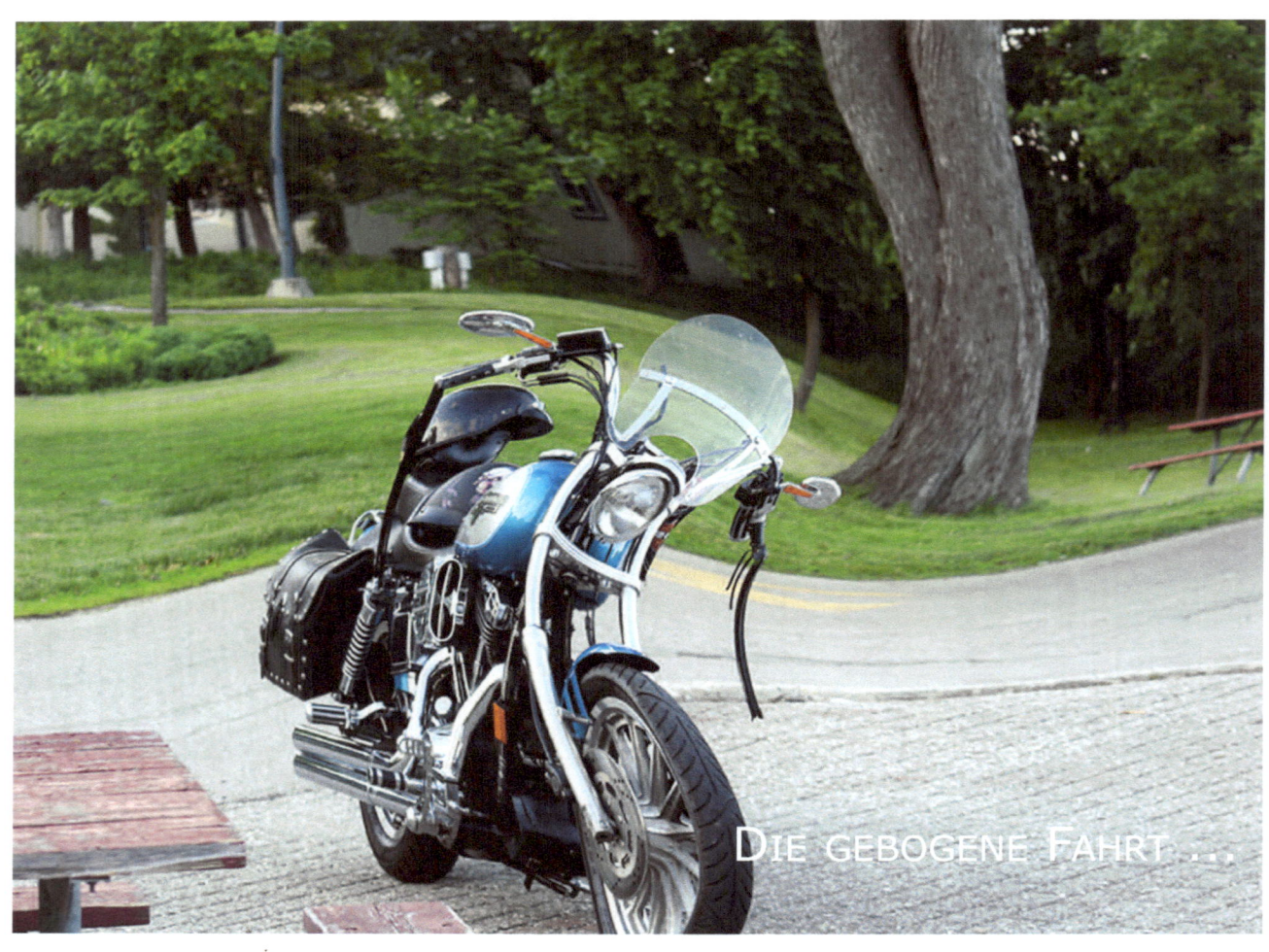

DIE GEBOGENE FAHRT ...

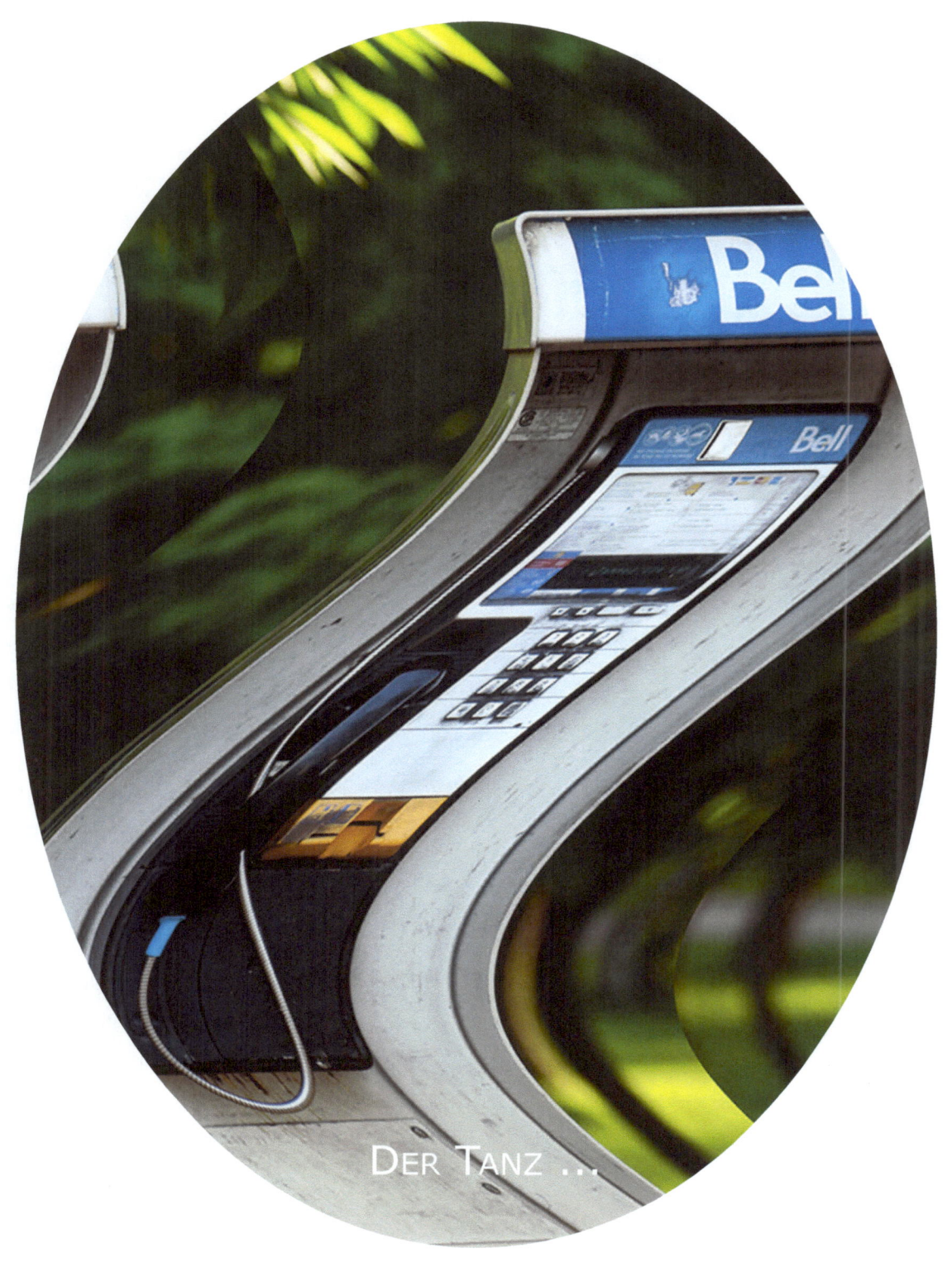

DER TANZ ...

Kunst kreiert von Fotografie

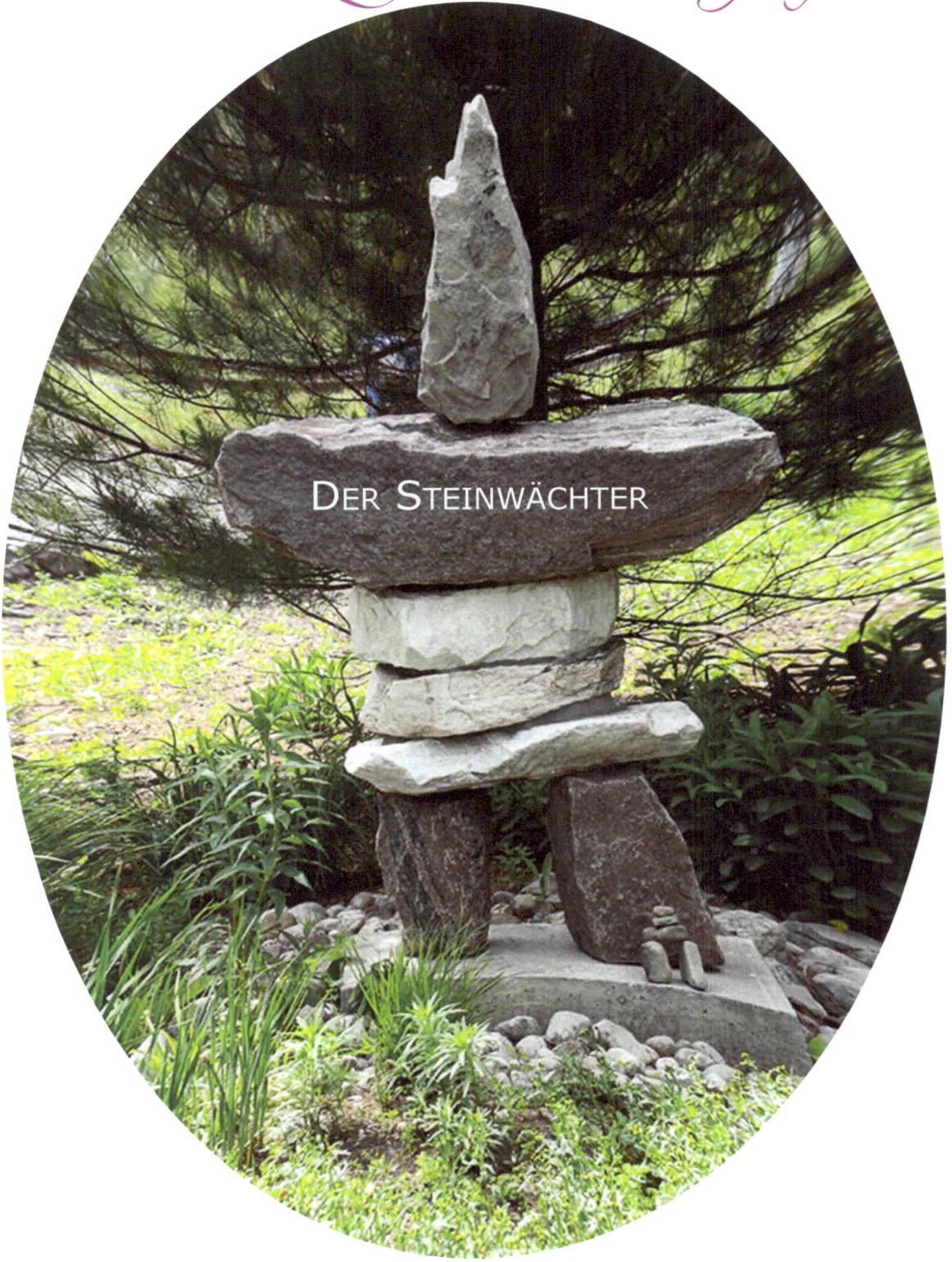

DER STEINWÄCHTER

Kunst kreiert von Fotografie

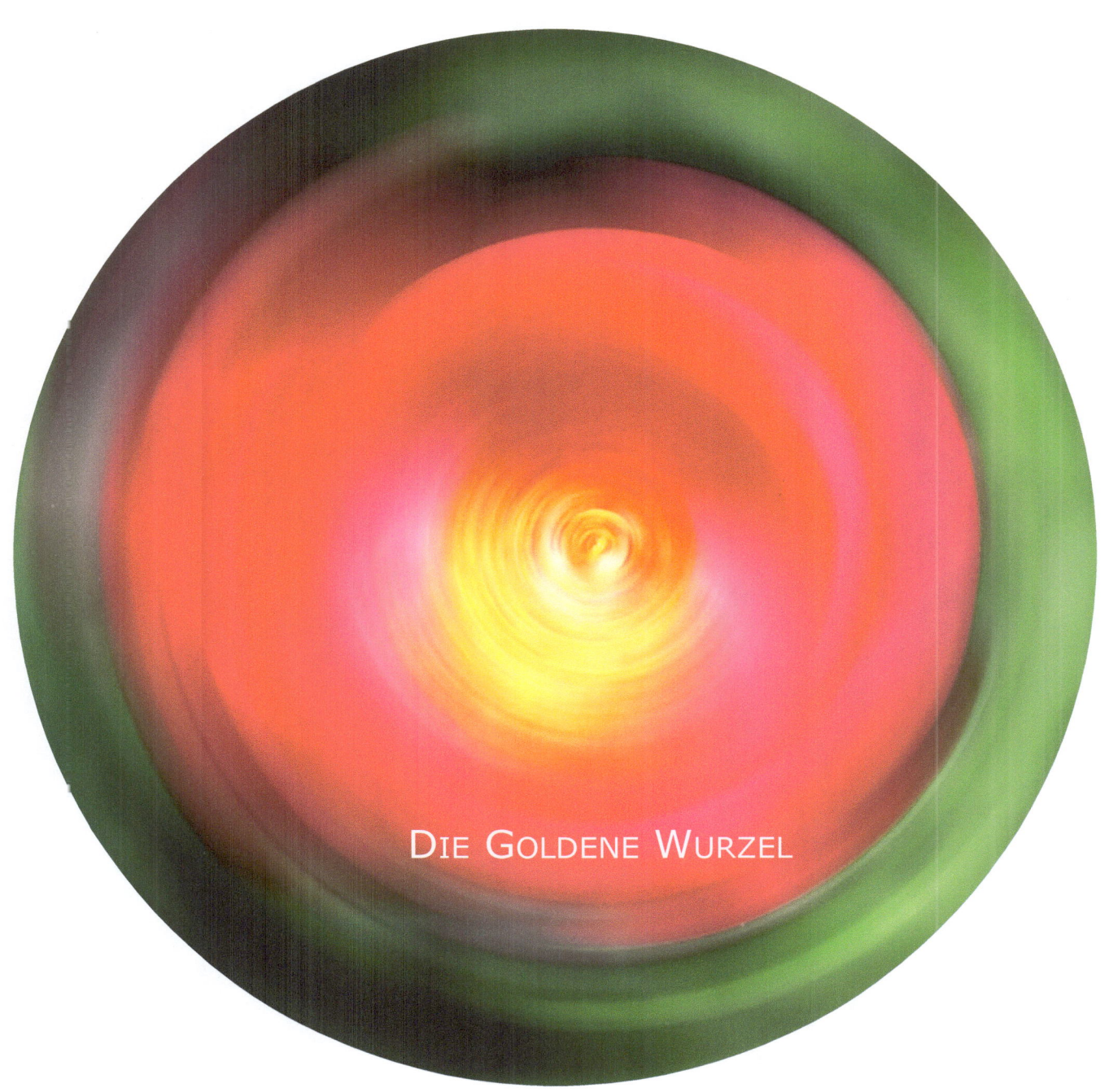

DIE GOLDENE WURZEL

Kunst kreiert von Fotografie

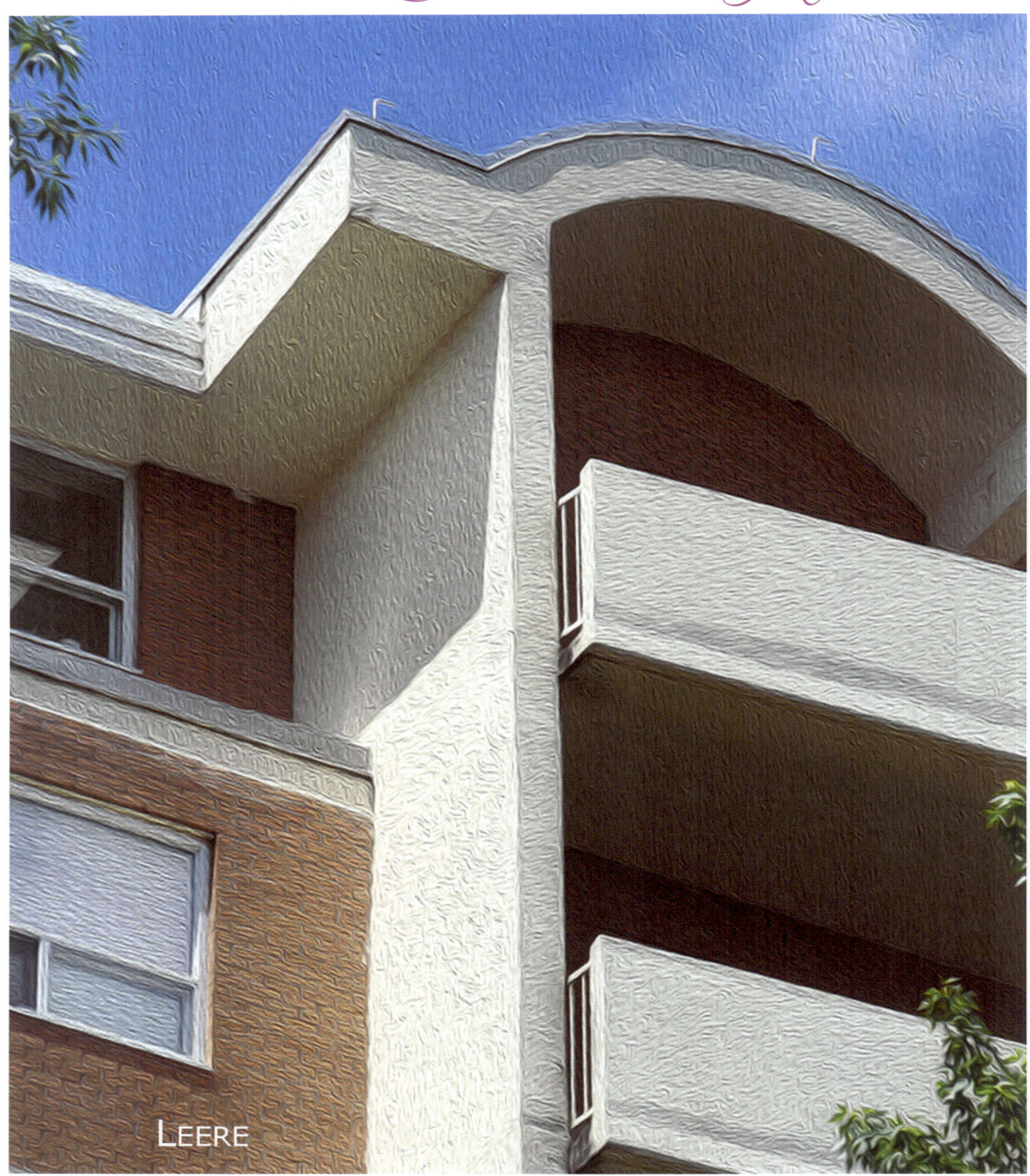

LEERE

Kunst kreiert von Fotografie

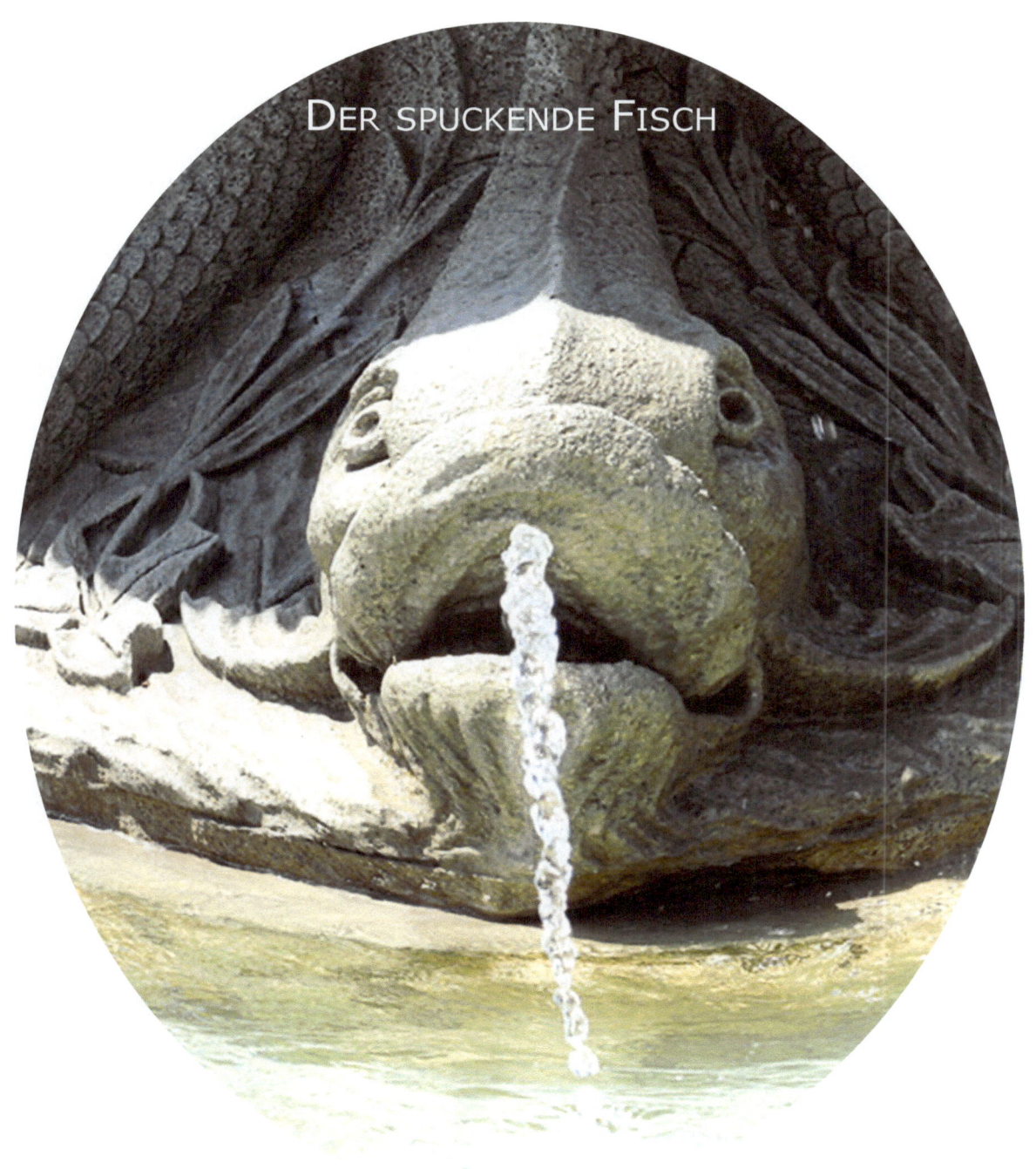

DER SPUCKENDE FISCH

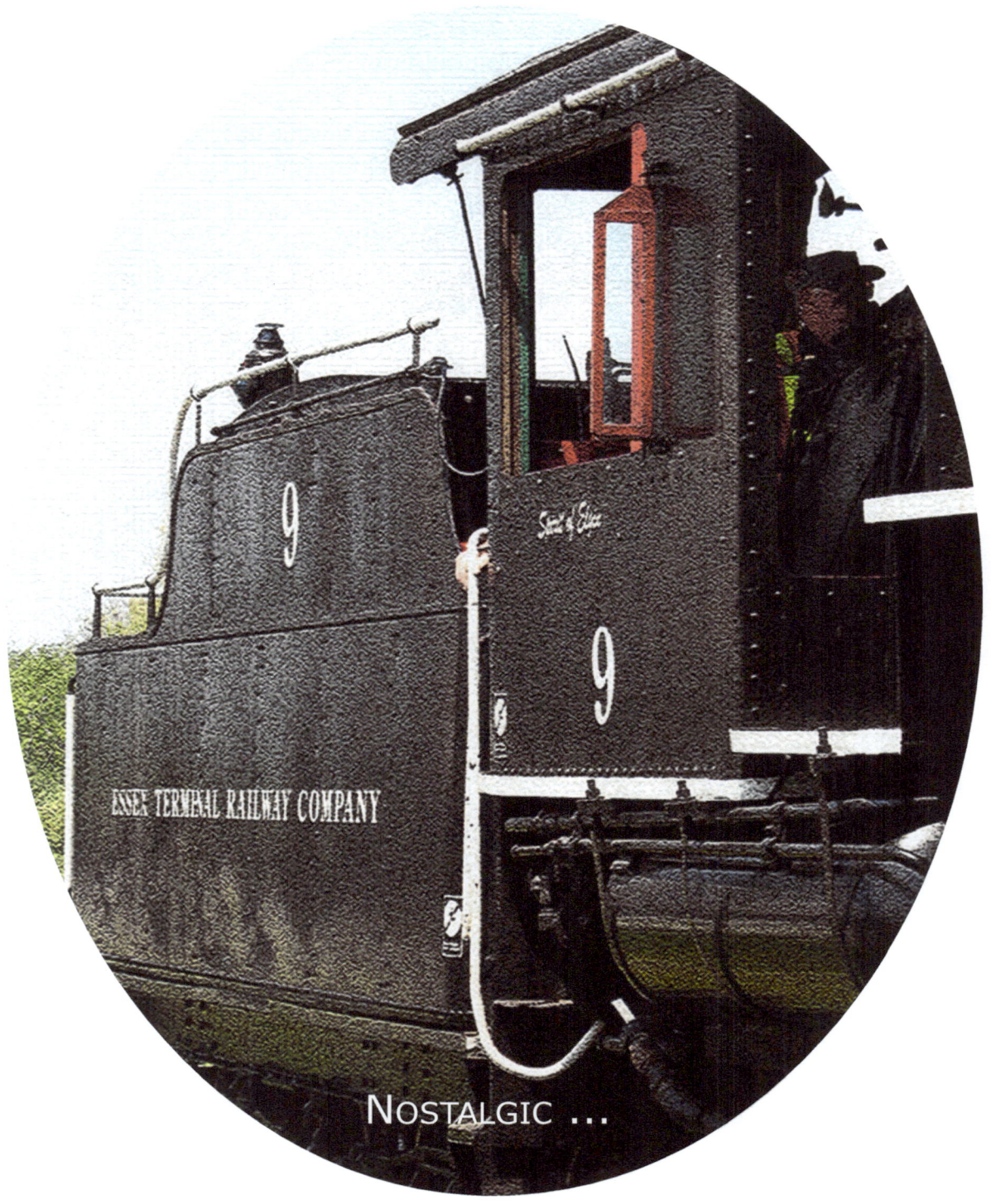

NOSTALGIC …

Kunst kreiert von Fotografie

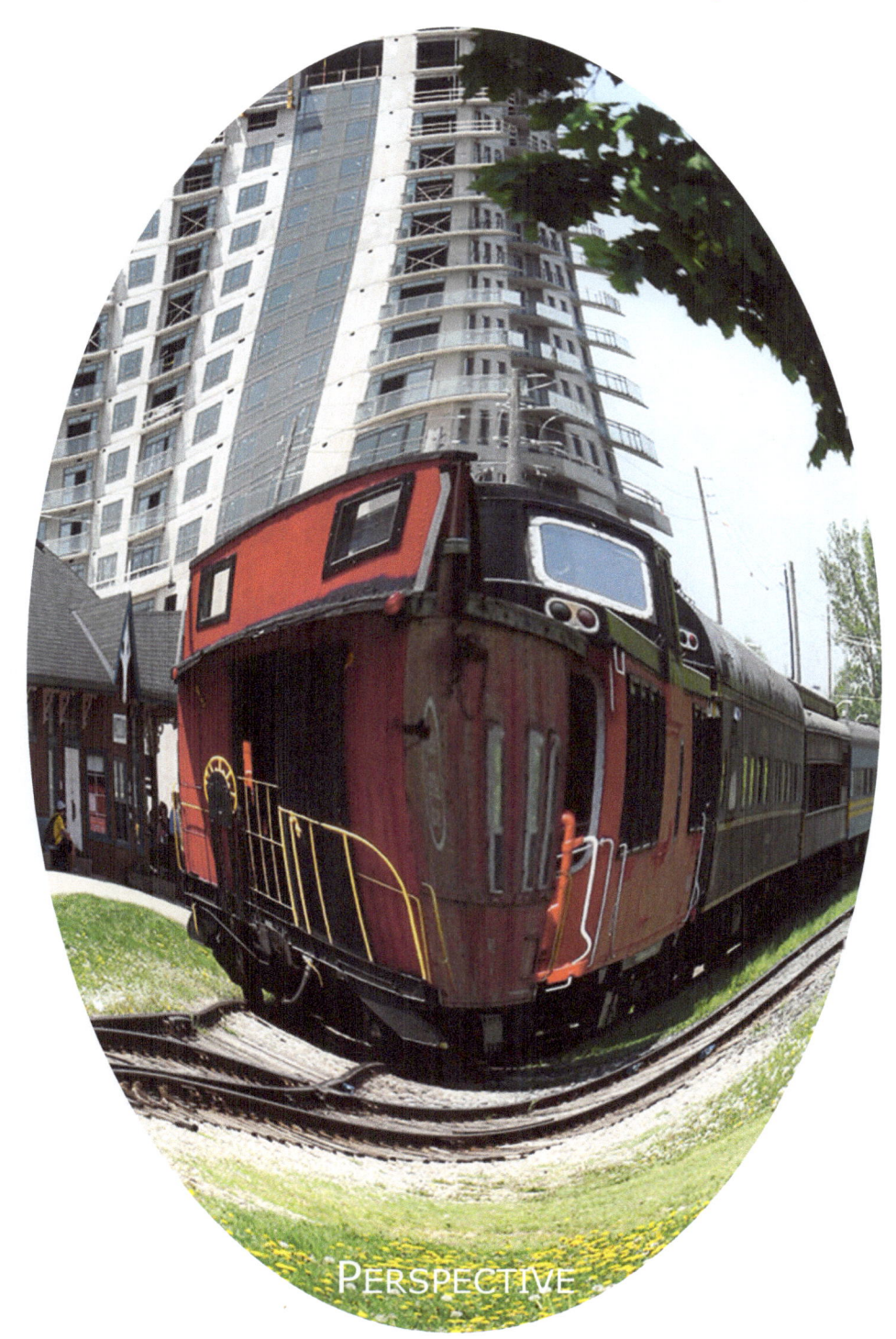

PERSPECTIVE

Kunst kreiert von Fotografie

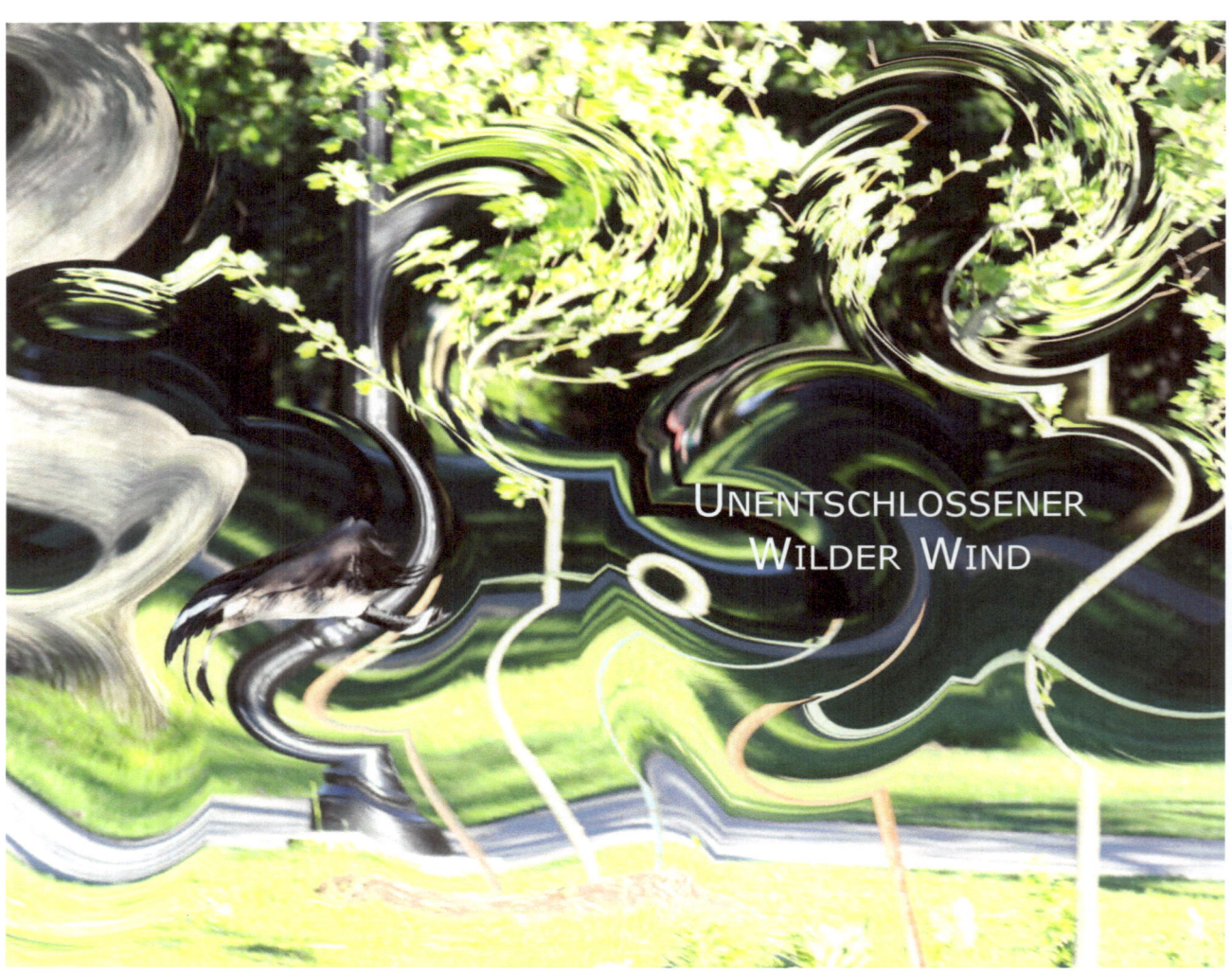

Kunst kreiert von Fotografie

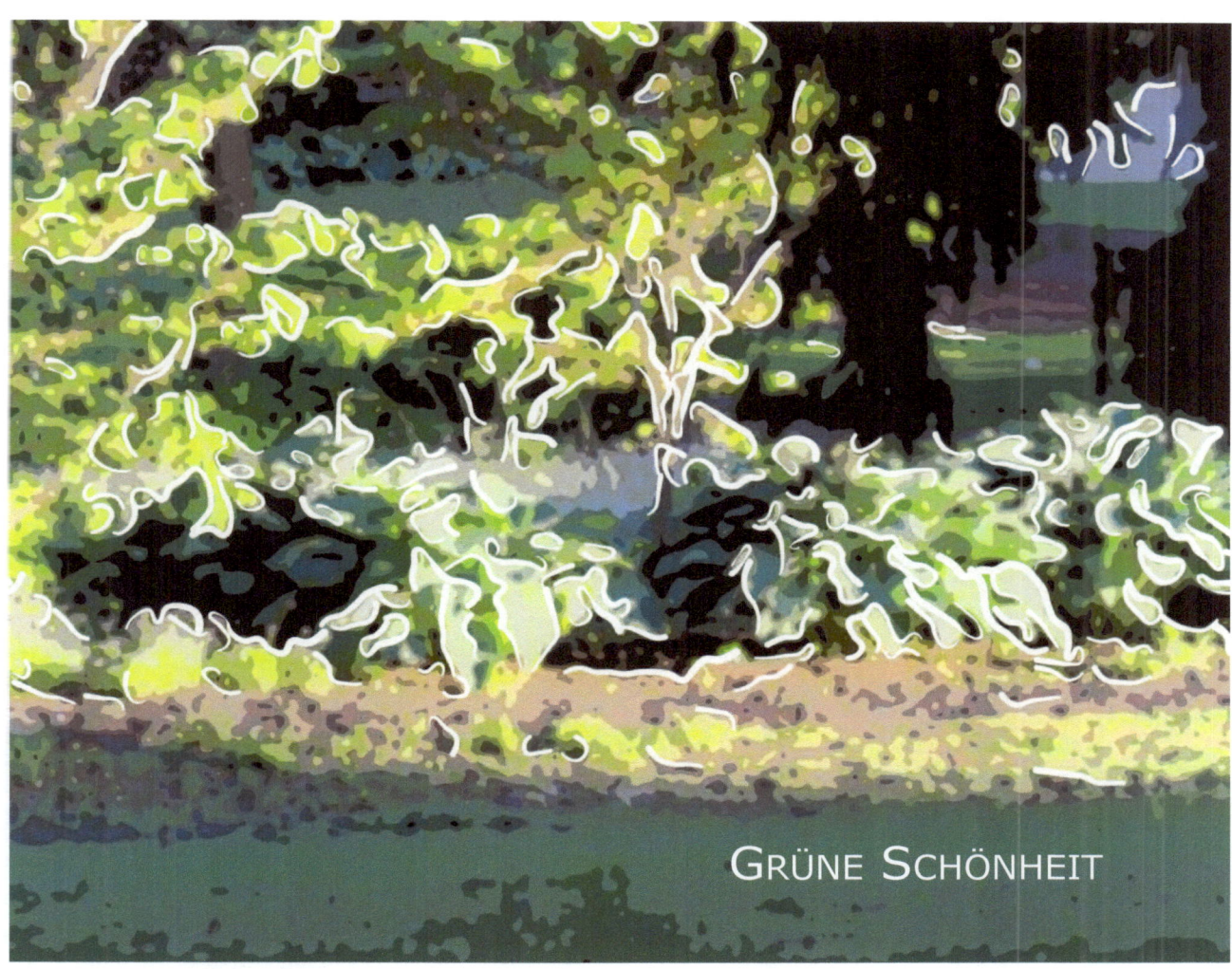

GRÜNE SCHÖNHEIT

Kunst kreiert von Fotografie

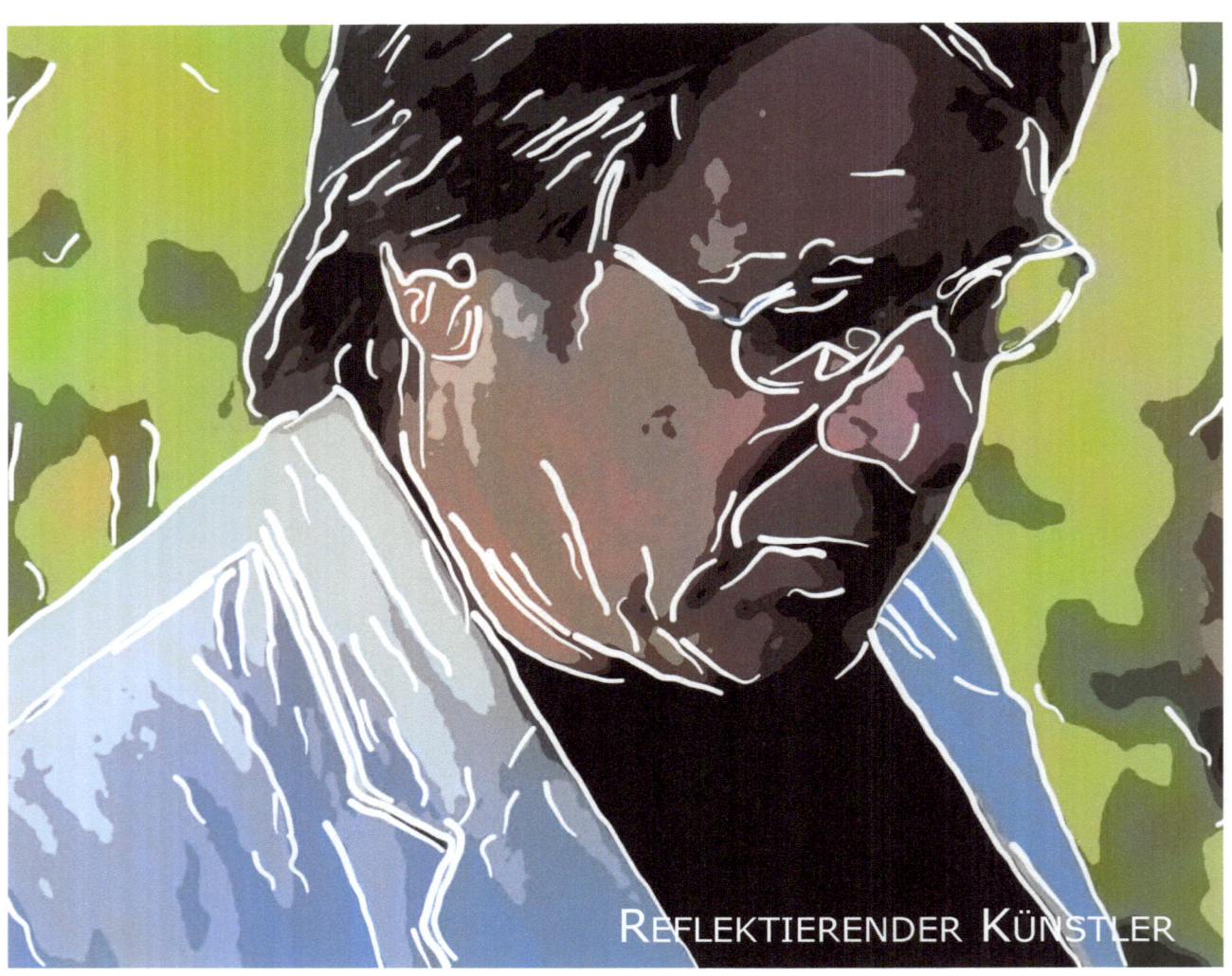

REFLEKTIERENDER KÜNSTLER

Kunst kreiert von Fotografie

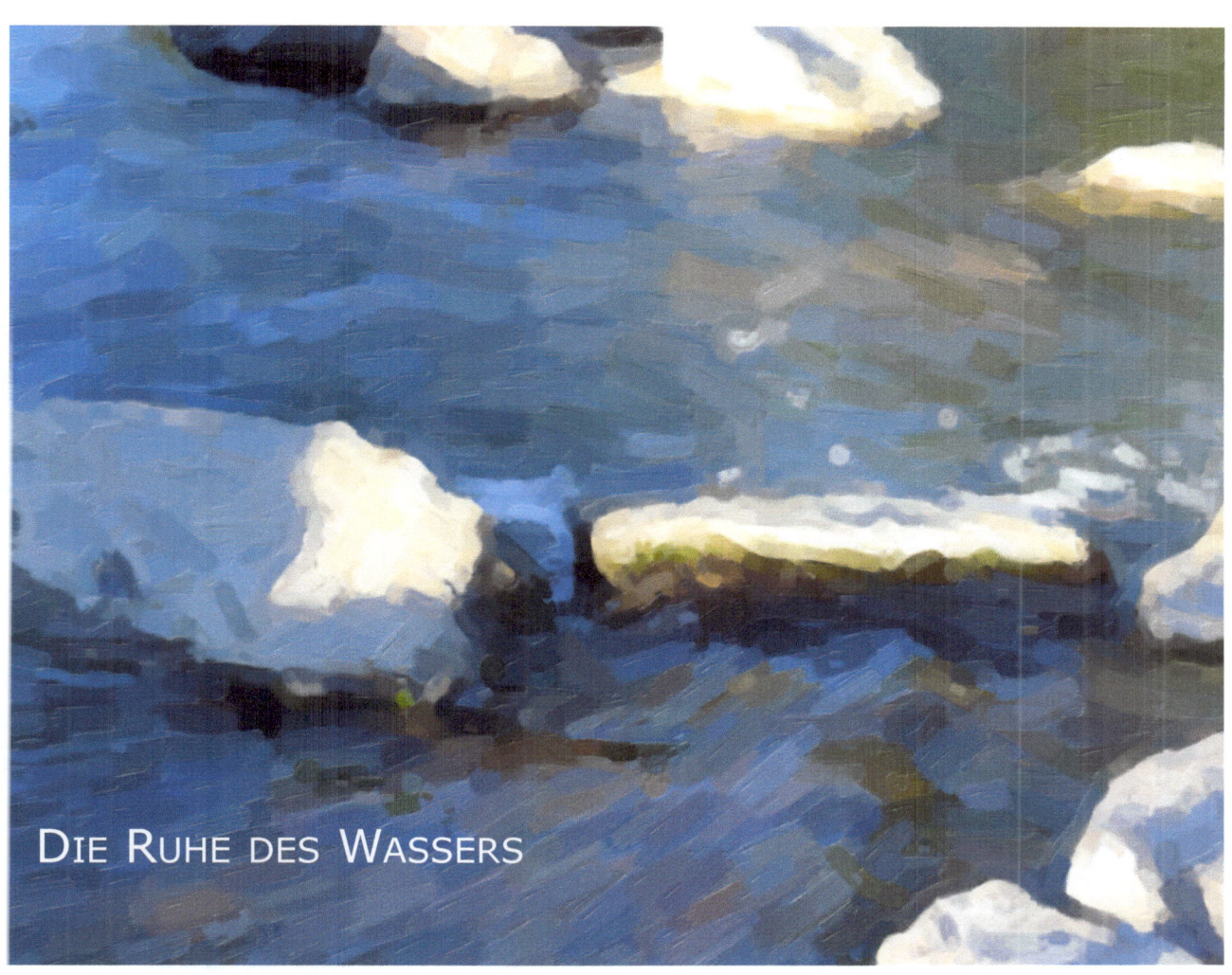

DIE RUHE DES WASSERS

Kunst kreiert von Fotografie

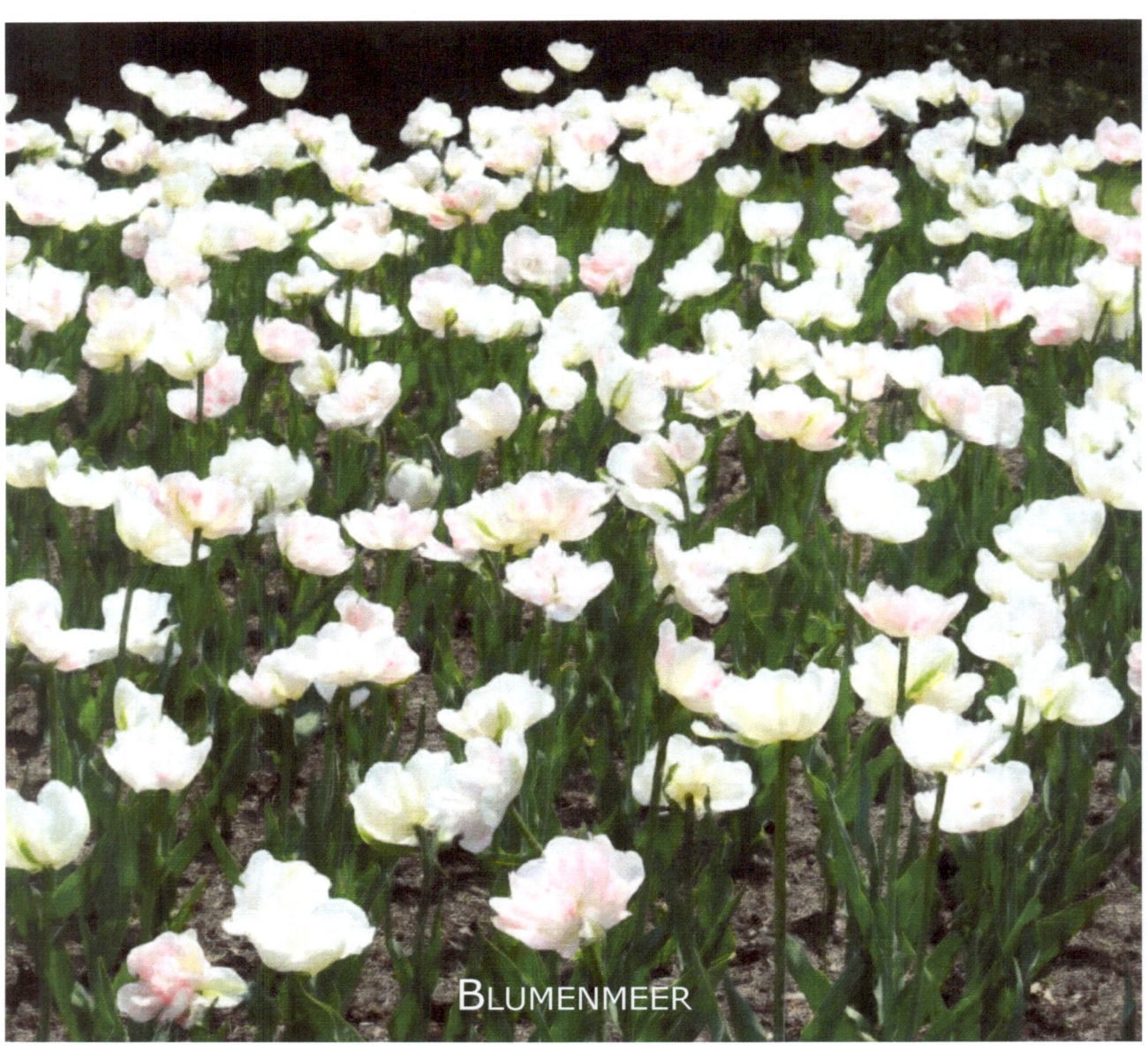

BLUMENMEER

Kunst kreiert von Fotografie

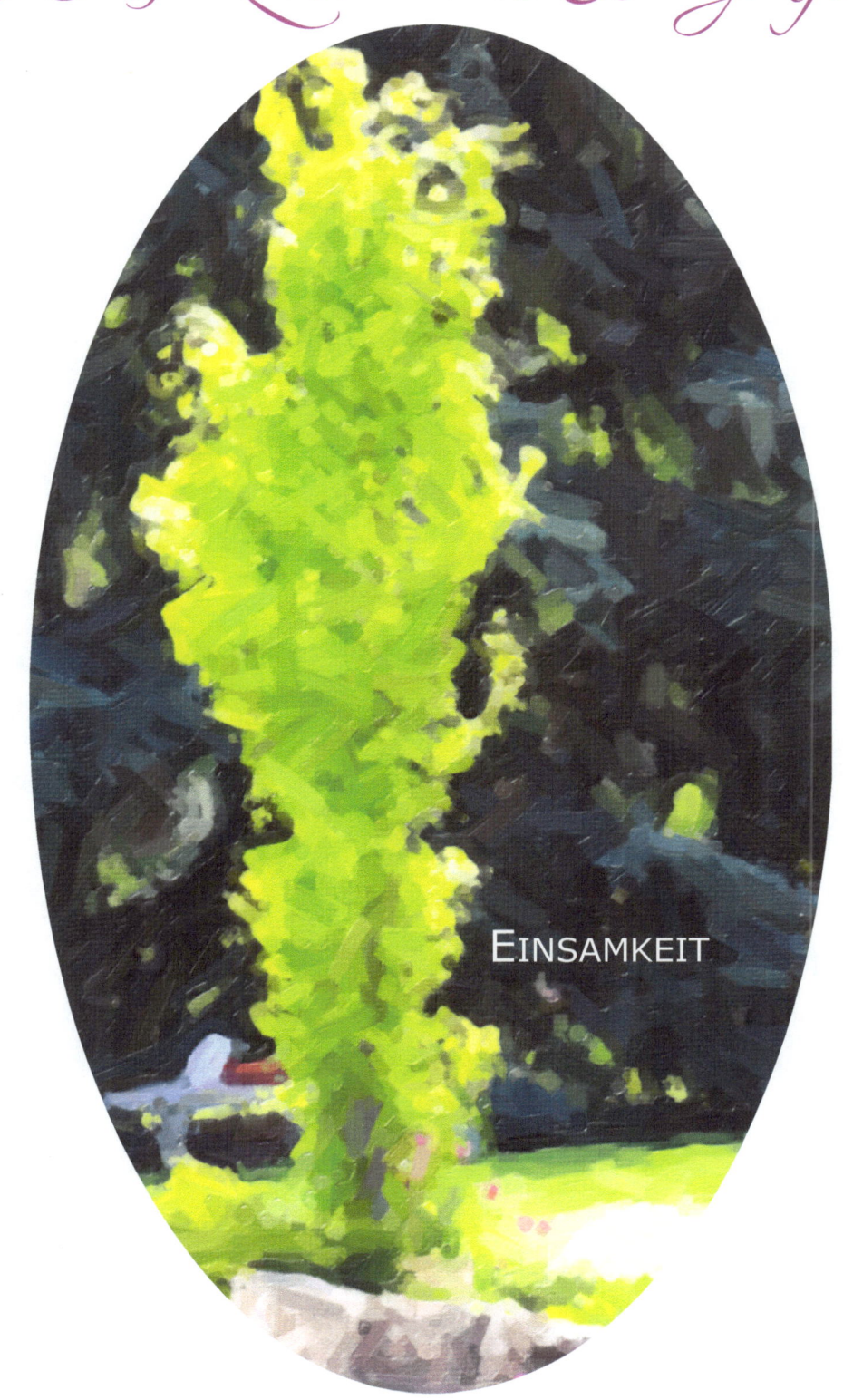

EINSAMKEIT

Kunst kreiert von Fotografie

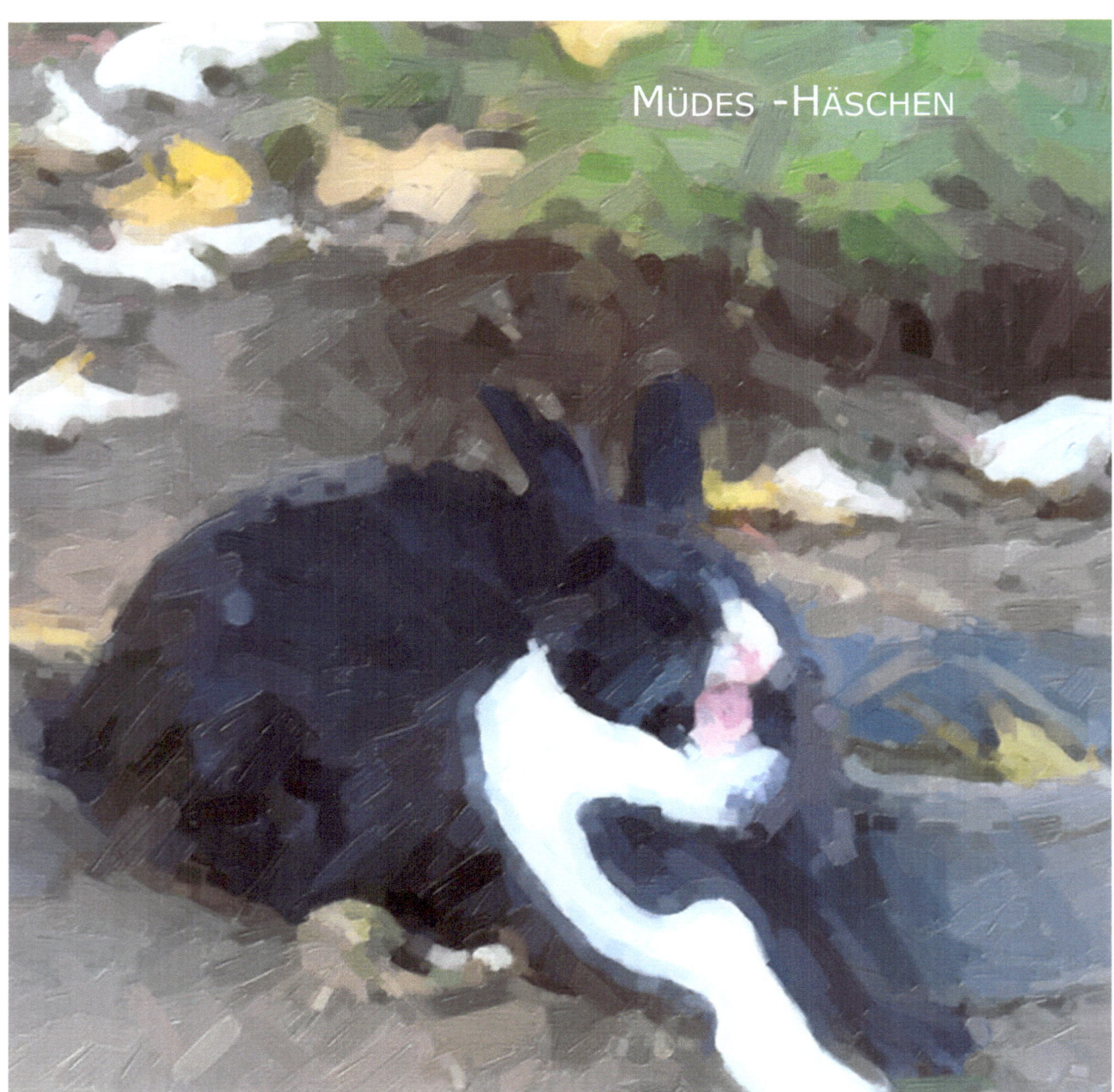

MÜDES -HÄSCHEN

Kunst kreiert von Fotografie

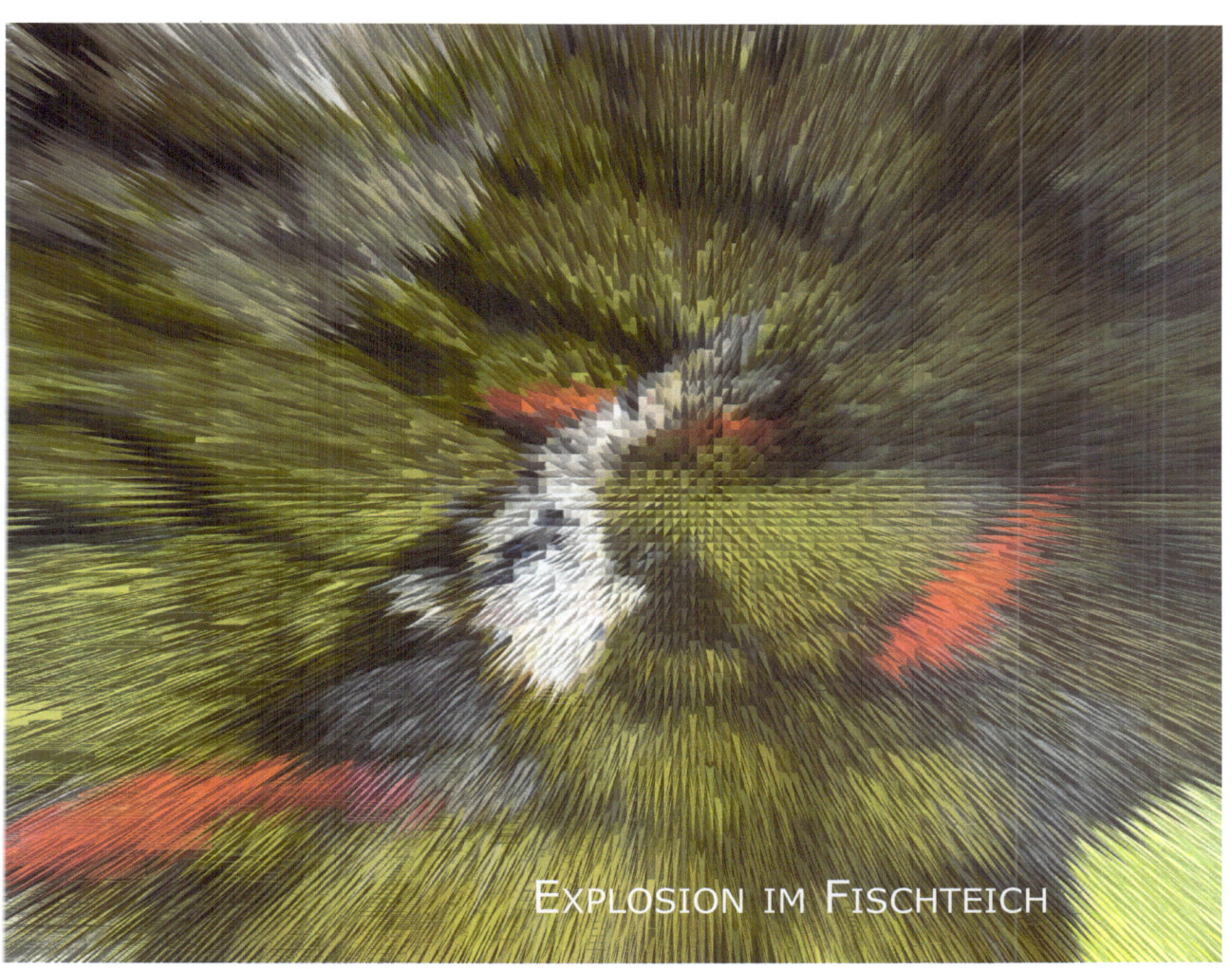

EXPLOSION IM FISCHTEICH

Kunst kreiert von Fotografie

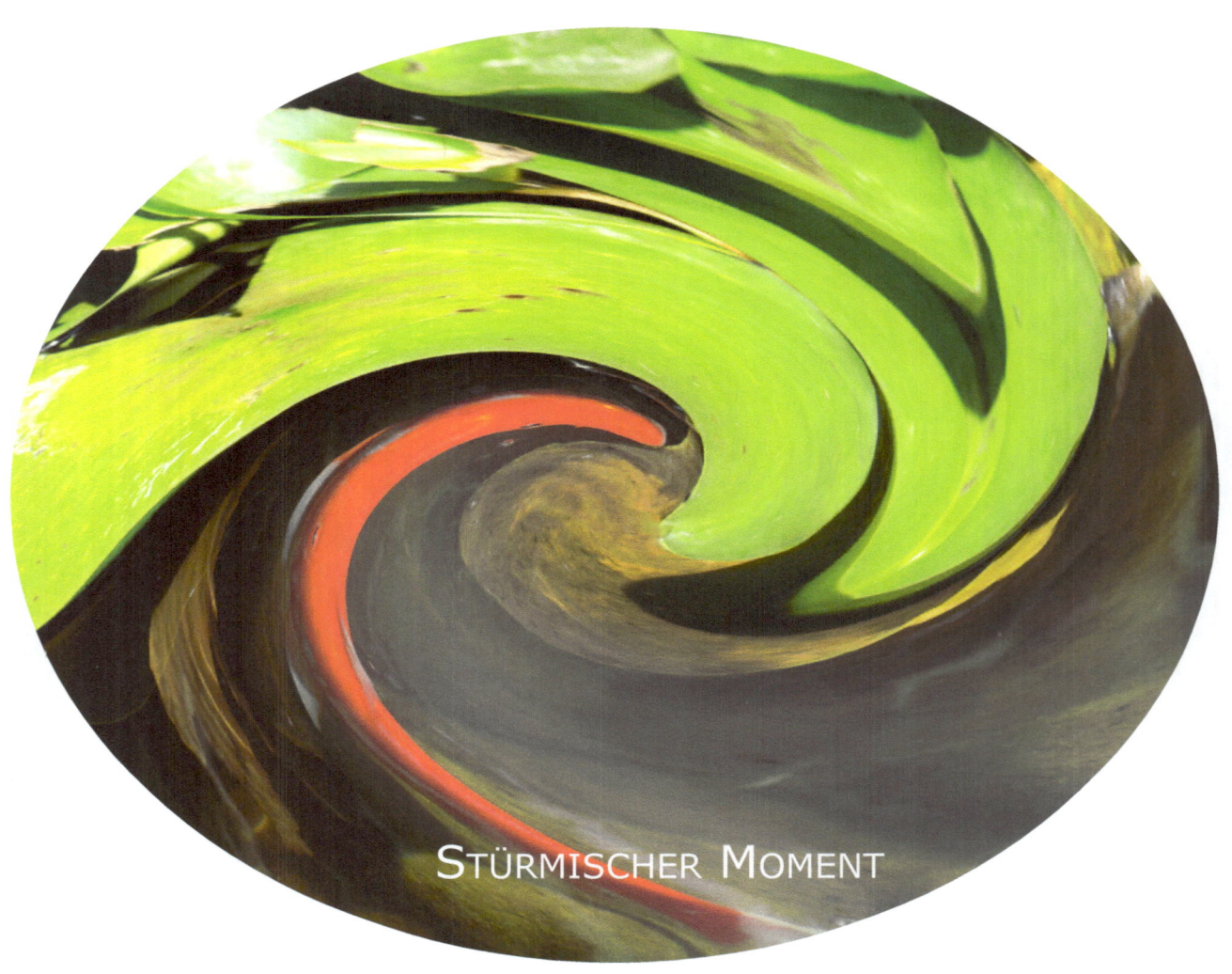

STÜRMISCHER MOMENT

Kunst kreiert von Fotografie

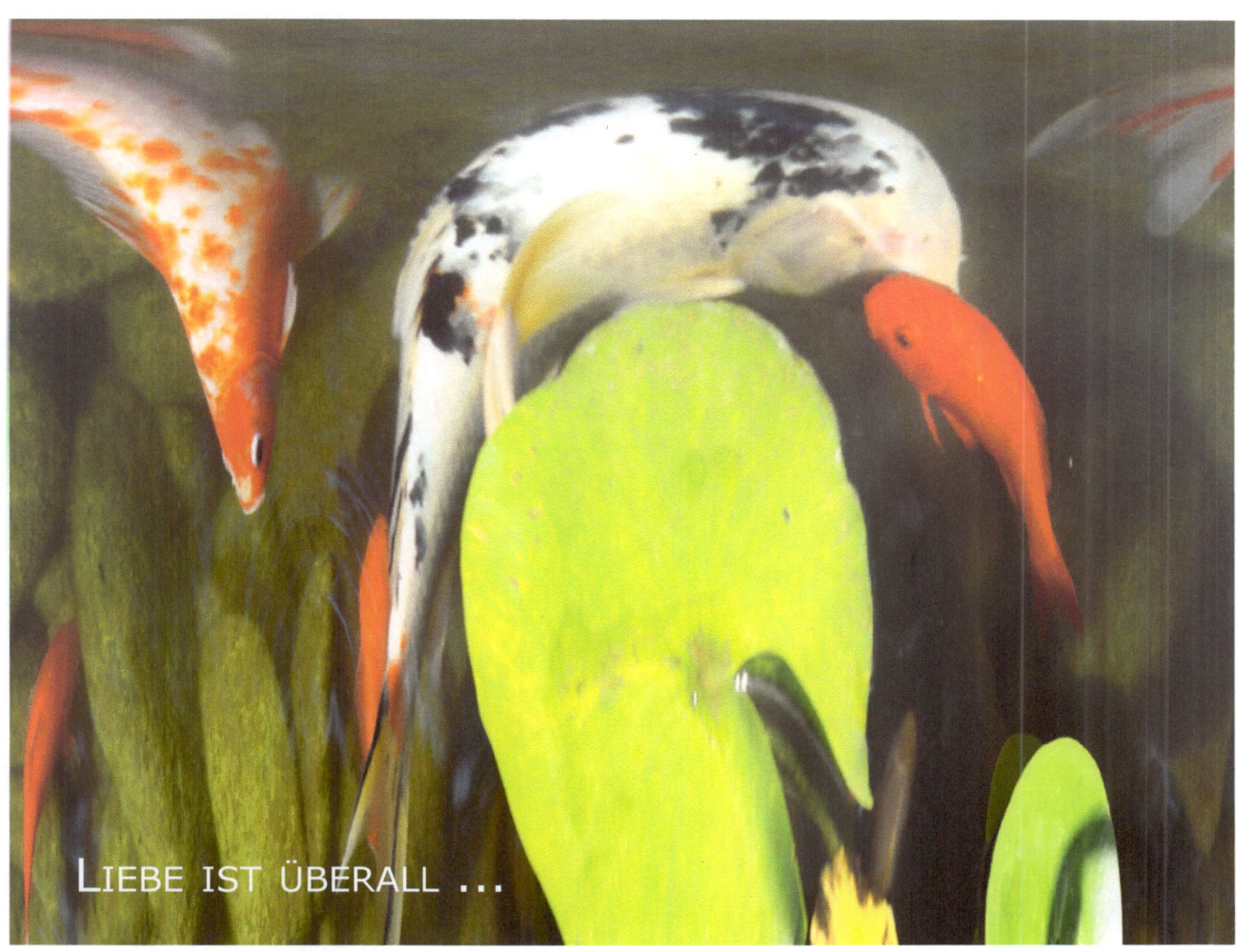

LIEBE IST ÜBERALL ...

Kunst kreiert von Fotografie

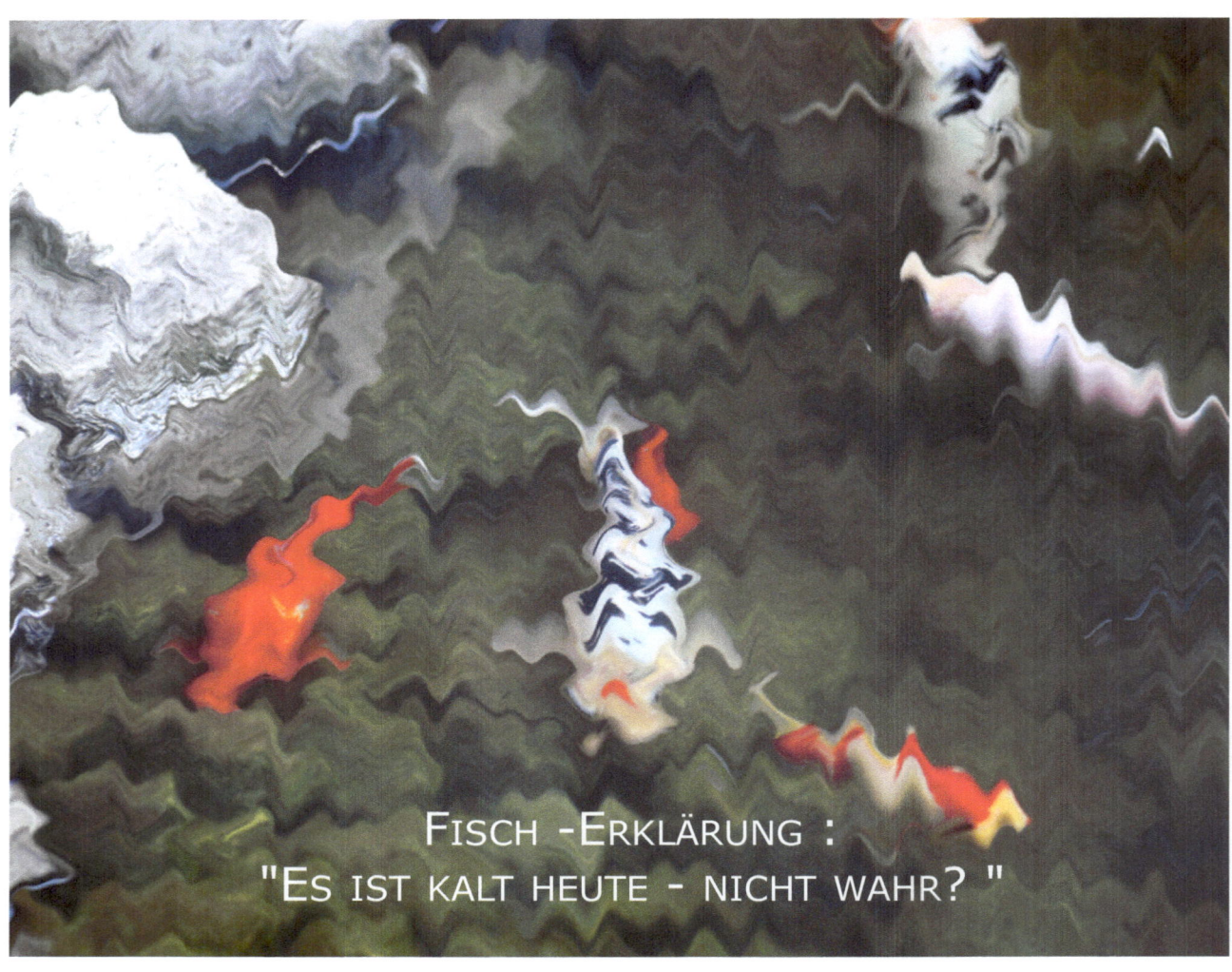

Kunst kreiert von Fotografie

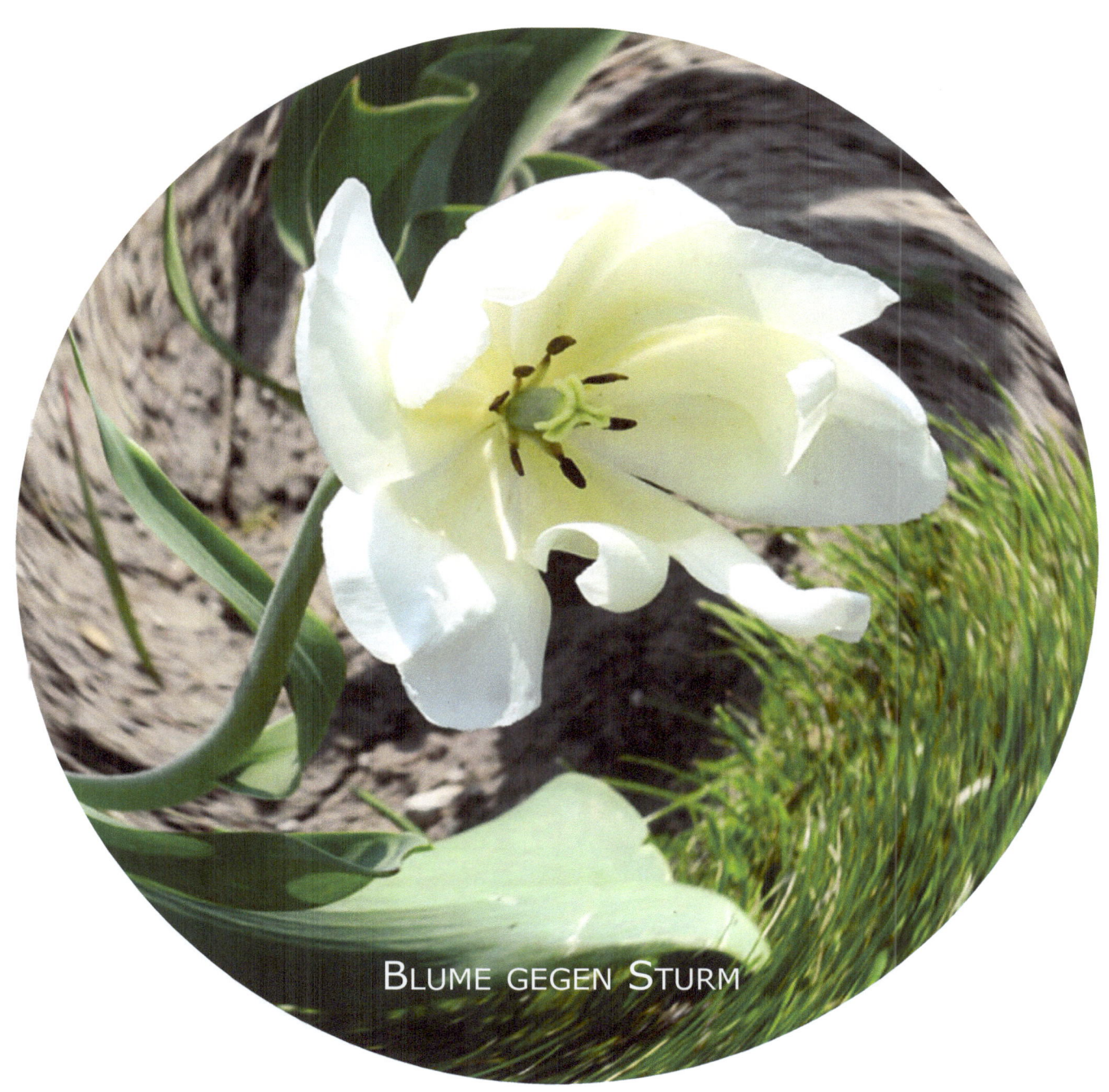

BLUME GEGEN STURM

Kunst kreiert von Fotografie

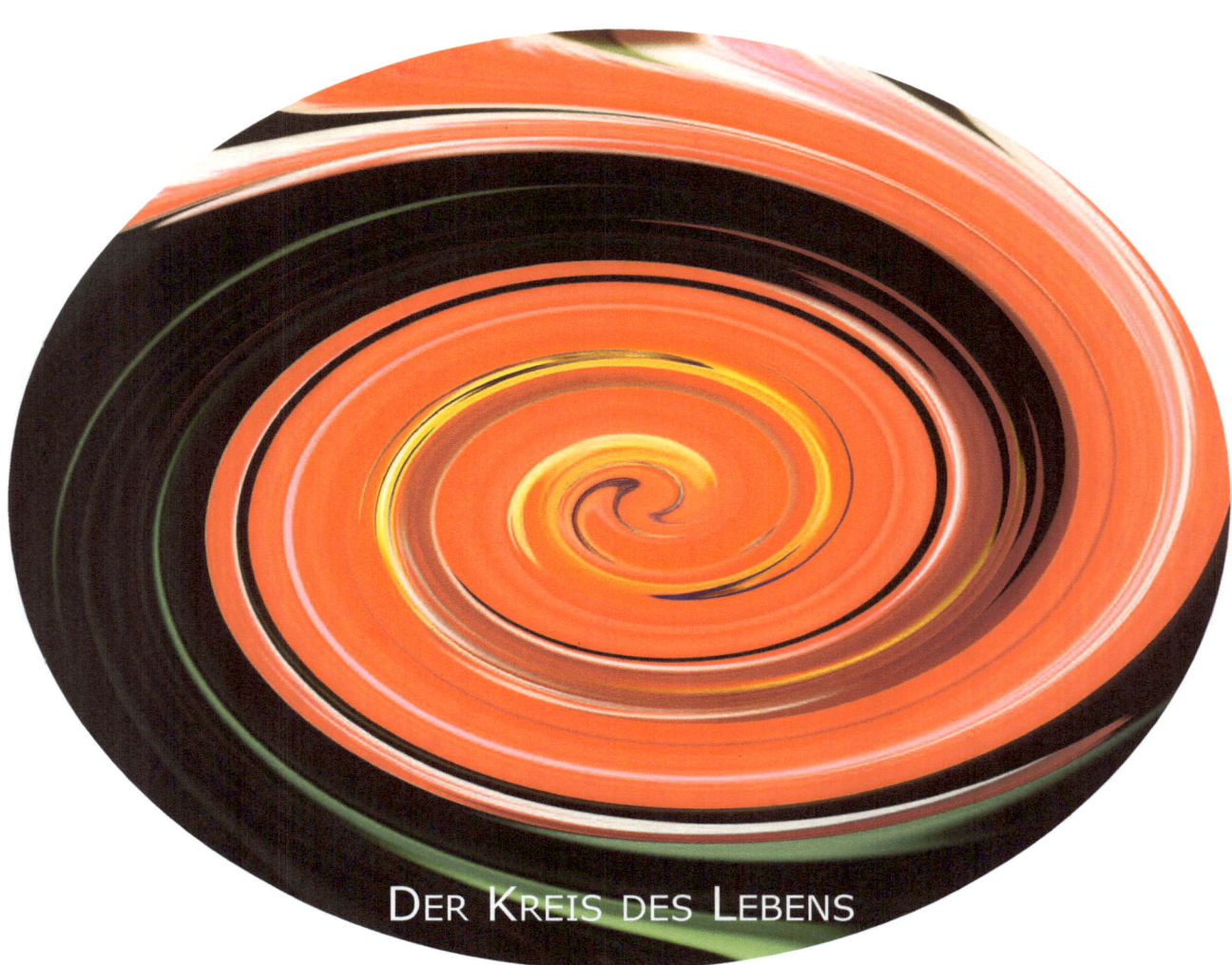

DER KREIS DES LEBENS

Kunst kreiert von Fotografie

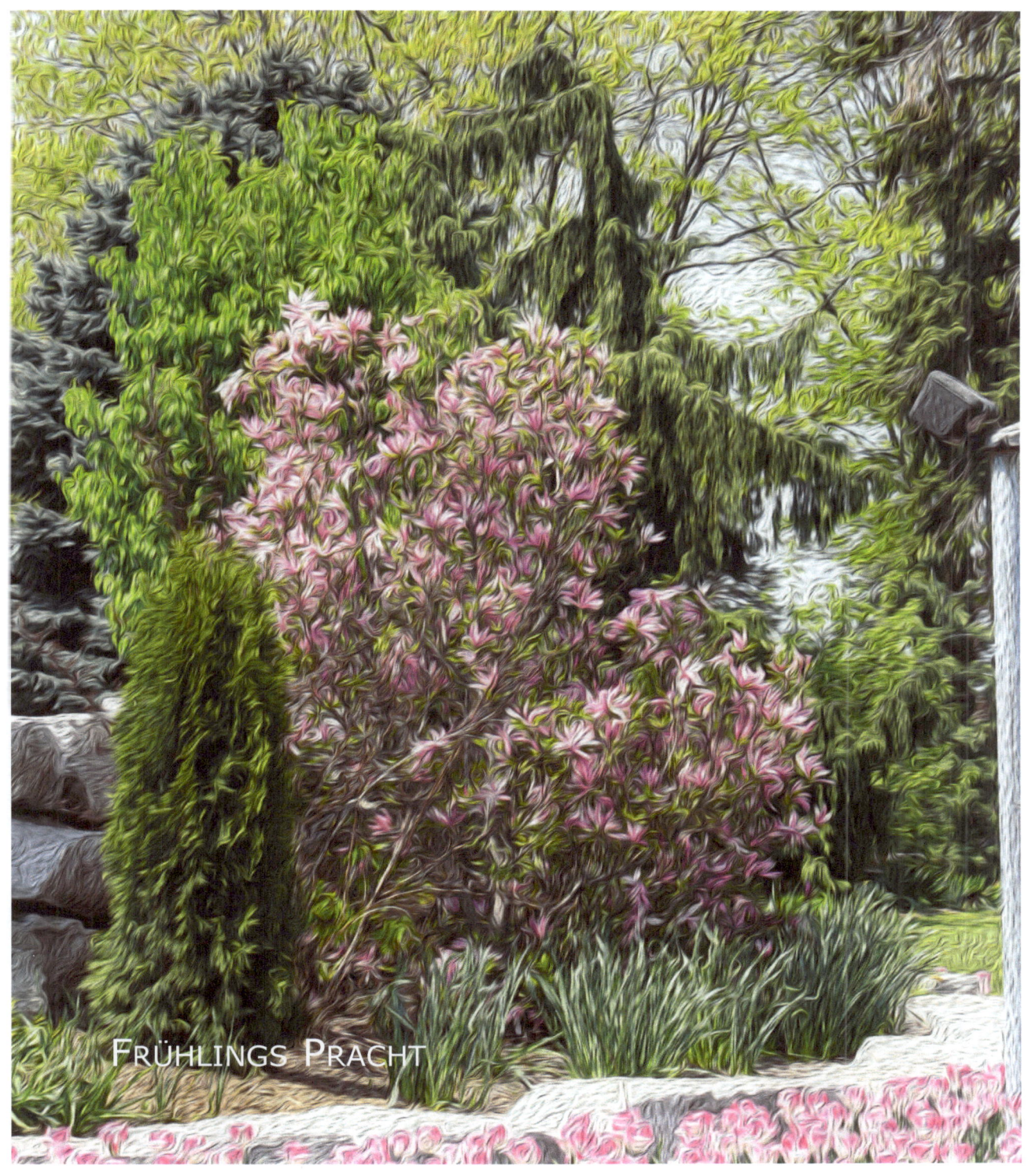

FRÜHLINGS PRACHT

BIBLIOGRAPHIE—KLAUS D. EMRICH

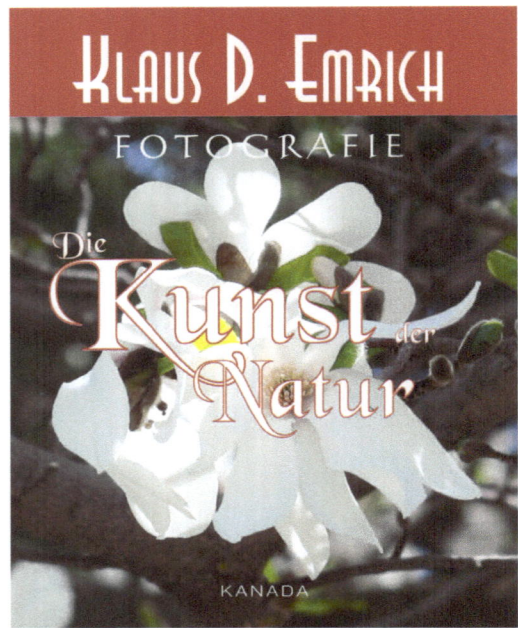

BÜCHER SIND AUCH IN ENGLISCHER SPRACHE ERHÄLTLICH.

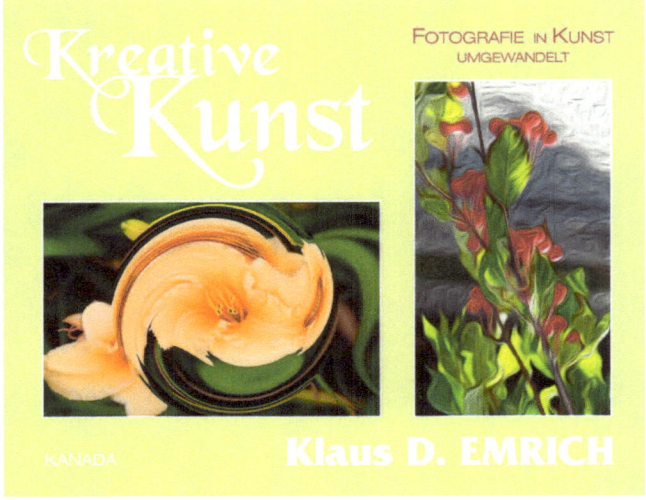

DIE KUNST DER NATUR
Fotografie - Kanadian Natur.

KREATIVE KUNST
Künstlerischer Blick über die Fotografie.

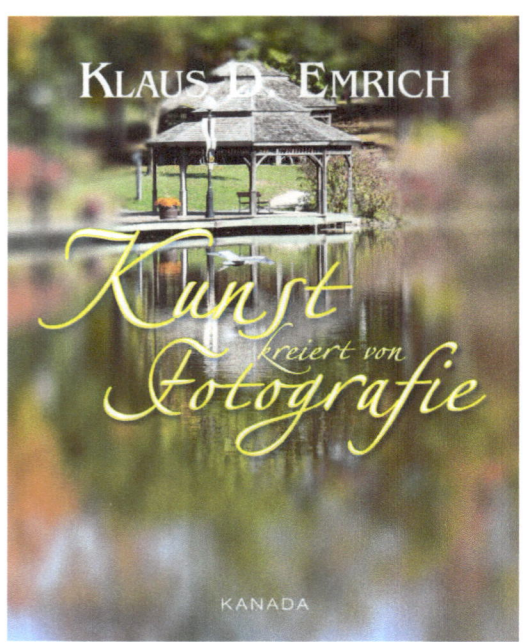

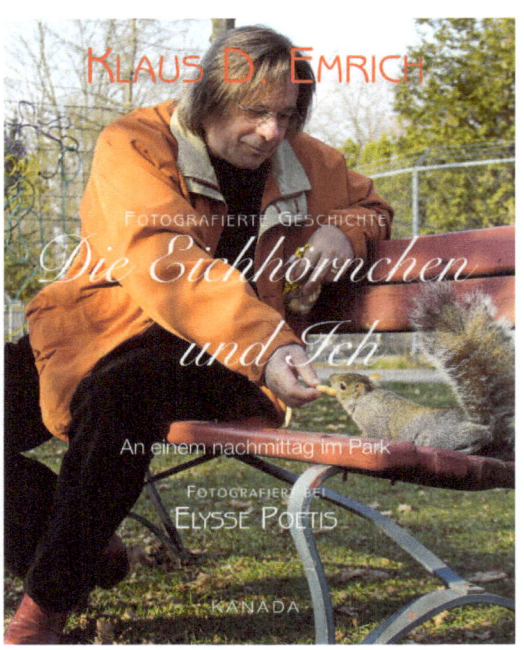

KUNST KREIERT VON FOTOGRAFIE
Fotografie in Kunst umgewandelt.

DIE EICHHÖRNCHEN UND ICH
Fotografiert Geschichte.

ÜBER DEN AUTOR

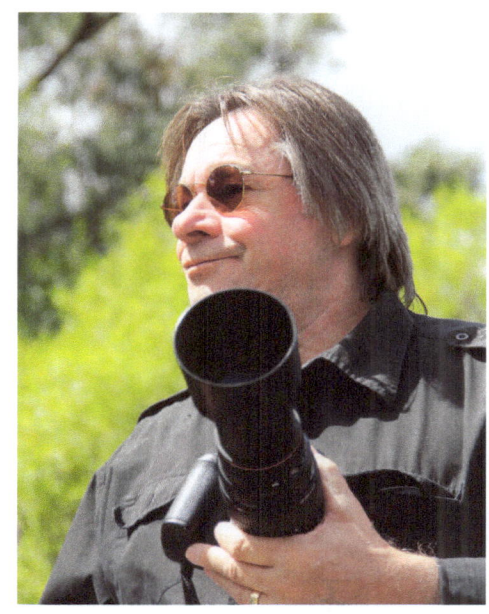

Klaus D. Emrich liebte es, Kunst zu schaffen, schon als kleines Kind in Deutschland. Würde er durch Felder, Wald und Wiesen gehen um die Natur zu erforschen. Er war fasziniert von der Schönheit die, die Natur zu offeren hatte. Erst in den letzten Jahren hat Klaus D. seinem Talent/Phantasie durch Fotografie, seinen größten Traum verwirklicht. "Kunst kreiert von Fotografie" wurde im Januar 2015 veröffendlicht, durch "Von Der Alps Publishing Corporation". Klaus D. Emrich ist Autor von mehrerer Bücher bei Amazon.

Klaus und seiner Frau Mary, (Pseudonym Elysse Poetis - Preis Winnende Autorin/Dichterin zahlreicher Bücher bei Amazon), leben in der berühmten Region of Waterloo, Ontario, Kanada.

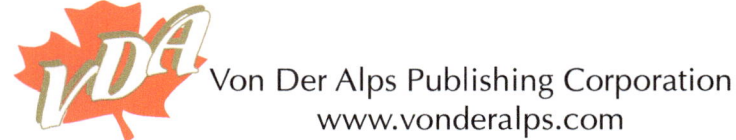

Von Der Alps Publishing Corporation
www.vonderalps.com